EX LIBRIS MARII JOANNIS
BAPTISTÆ NICOLAI D'AINE

5619.

6. bis.

GIPHANTIE.

par Tiphaine.

PREMIERE PARTIE.

A BABYLONE.

M. DCC. LX.

TABLE
DES CHAPITRES.

TABLE.

GIPHANTIE.

GIPHANTIE.

CHAPITRE PREMIER.

PRÉFACE.

Jamais personne n'eut plus de goût que moi pour voyager. Ayant regardé toute la terre comme ma patrie, & tous les hommes comme mes frères, je me suis fait un devoir de parcourir ma patrie, & de visiter mes frères. J'ai marché sur les ruines de l'ancien monde; j'ai contemplé les monuments de l'orgueil

Partie I.   A

moderne : & j'ai pleuré fur les uns & les autres, en voyant le temps qui dévore tout. J'ai fouvent trouvé beaucoup d'extravagance parmi les nations qui paffent pour les plus policées, & quelquefois beaucoup de raifon parmi celles qui paffent pour les plus fauvages. J'ai vu la vertu affermir de petits états , & le vice ébranler de grands empires, tandis qu'une politique imprudente s'attachoit à enrichir les peuples, fans s'occuper à les rendre vertueux.

Enfin, après avoir parcouru toute la terre, & vifité toutes

les nations, je ne me suis point trouvé dédommagé de mes fatigues. Je viens de revoir les mémoires que j'avois dreſſés ſur les différents peuples, leurs préjugés, leurs mœurs, leur politique, leurs loix, leur religion, leur hiſtoire; & je les ai jettés au feu. C'eſt bien la peine, ai-je dit, de tenir regiſtre de ces mélanges monſtrueux d'humanité & de barbarie, de grandeur & de baſſeſſe, de raiſon & de folie.

Le ſeul morceau que j'aie conſervé, eſt celui que je publie. S'il n'a point d'autre mérite, il a ſûrement celui d'être bien extraordinaire.　A ij

CHAPITRE II.

L'OURAGAN.

J'ÉTOIS sur les frontières de la Guinée, du côté des déserts qui la terminent vers le nord ; & je considérois cette vaste solitude, dont l'image seule effraye l'ame la plus forte. Tout-à-coup il me prit le desir le plus ardent de pénétrer dans ces déserts ; & de voir jusqu'où la nature se refusoit aux hommes. Peut-être, disois-je, y a-t-il au milieu de ces plaines brûlantes quelque canton fertile ignoré du reste de la terre ; peut-être y trouverai-je des hommes, que le commerce des autres n'a ni polis, ni corrompus.

En vain je me repréſentai les dangers où m'expoſoit une pareille entrepriſe, & même la mort preſque certaine qui y étoit attachée ; jamais cette idée ne put ſortir de mon eſprit. Un jour d'hiver (car c'étoit au temps de la canicule) le vent étant ſud-oueſt, le ciel couvert, & l'air tempéré , pourvu de quelques tablettes pour appaiſer la faim & la ſoif, d'un maſque de verre pour préſerver les yeux des nuages de ſable, & d'une bouſſole

pour me guider, je fortis des
frontières de la Guinée, & j'a-
vançai dans les déferts.

Je marchai deux jours entiers
fans rien voir d'extraordinaire :
au commencement du troifième,
je n'apperçus plus autour de moi
que quelques arbuftes prefque
fans féve, & des touffes de jonc,
dont la plupart étoient defté-
chées par l'ardeur du foleil. Ce
font les dernières productions
que la nature tire de ces régions
arides ; c'eft là que s'arrête fa fé-
condité ; la vie n'a pu s'étendre
plus loin dans ces affreufes foli-
tudes.

Je continuai ma route : & j'a-
vois à peine marché deux heu-
res sur un terrein sablonneux,
où l'œil ne trouve pour repos
que des rochers épars, que le
vent, devenu plus fort, com-
mença d'agiter la superficie des
sables. D'abord, ces sables ne firent que se jouer au pied des
rochers, & former de petits flots
qui se balançoient légèrement
sur la plaine. Telles on voit des
vagues naître & rouler avec
aisance sur la surface des eaux,
quand la mer commence à se
froncer à l'approche d'une tempête. Bientôt ces flots grossi-
rent, se heurtèrent, se brouil-

lèrent ; & j'effuyai le plus terrible des ouragans.

Souvent il fe formoit des
tourbillons qui rapprochoient
les fables , les faifoient tourner
rapidement , & les élevoient à
perte de vue en fifflant horri-
blement. L'inftant d'après, ces fables , abandonnés à eux-mêmes,
retomboient en droite ligne , &
formoient des montagnes. Des
nuages de pouffière fe méloient
aux nuages de l'atmofphère ; le
ciel & la terre fembloient fe con-
fondre. Quelquefois l'épaiffeur
des tourbillons me déroboit entièrement la lumière du jour : &

d'autres fois, des fables rouges &
tranfparents éclatoient au loin ;
l'air paroiffoit enflammé , & le
ciel fembloit fe diffoudre en étincelles.

Cependant, tantôt élevé dans
les airs par un coup de vent , &
tantôt précipité par mon propre
poids, je me trouvois quelquefois dans les nuages de pouffière,
& quelquefois dans des abîmes.
A chaque inftant, j'aurois dû être
enfeveli , ou brifé. On fçaura
bientôt quel être bienfaifant
veilloit à ma fureté.

Ce terrible ouragan ceffa avec

le jour; la nuit fut calme : &,
la lassitude l'emportant sur la
frayeur, je m'assoupis.

CHAPITRE III.

BELLE VUE.

LE soleil n'étoit pas encore levé, lorsque je m'éveillai : mais ses premiers rayons blanchissoient l'orient, & on commençoit à pouvoir discerner les objets. Le sommeil avoit réparé mes forces & calmé mes esprits : à mon réveil, le trouble rentra dans mon cœur, & l'image de la mort s'offrit de nouveau à mon ame allarmée.

J'étois sur un rocher élevé, d'où je pouvois découvrir les environs. Je jettai, en frémissant, un coup d'œil sur cette plage aride & sablonneuse, où je croyois devoir trouver mon tombeau. Quelle fut ma surprise, quand, du côté du nord, j'apperçus une plaine unie, vaste & féconde ! En un instant, je franchis l'intervalle, souvent si long, qui sépare la plus grande tristesse de la plus grande joie ; la nature prit une nouvelle face pour moi ; & le coup d'œil affreux de tant de rochers, jettés confusément dans les sables, ne servit qu'à rendre plus touchant & plus agréable l'aspect de cette plaine délicieuse où j'allois entrer. O nature ! que tes distributions sont

admirables ! & que les scènes
variées que tu nous offres sont
sagement conduites !

Les plantes, qui croissent sur
le bord de cette plaine, sont fort
petites ; le terroir ne fournit pas
encore assez de suc : mais, à me-
sure qu'on avance, la végétation
se ranime, & leur donne plus de
volume & de hauteur. Bientôt
on rencontre des arbrisseaux, sous
lesquels on peut marcher à couvert : & l'on trouve enfin des
arbres aussi anciens que la terre,
qui élèvent leurs têtes jusqu'aux
nues. Ainsi se forme un amphi-
théâtre immense qui se déploie

majeſtueuſement aux yeux du voyageur, & lui annonce qu'une telle demeure n'eſt point faite pour des mortels.

Tout me parut nouveau dans cette terre inconnue ; tout me jettoit dans l'étonnement. Des productions de la nature que mes yeux parcouroient avidement, aucune ne reſſembloit à celles qu'on voit partout ailleurs. Arbres, plantes, inſectes, reptiles, poiſſons, oiſeaux, tout étoit d'une conformation extraordinaire, & en même temps élégante & variée à l'infini. Mais ce qui me cauſoit le plus d'ad-

miration, c'eſt qu'une ſenſibi-
lité univerſelle, revêtue de toutes les formes imaginables, vi-
vifioit les corps qui paroiſſent en
être le moins ſuſceptibles : juſqu'aux plantes, tout donnoit des
marques de ſentiment.

J'avançois lentement dans ce
ſéjour enchanté. Une fraîcheur
délicieuſe tenoit mes ſens ouverts à la volupté ; une odeur
ſuave couloit dans mon ſang
avec l'air que je reſpirois ; mon
cœur treſſailloit avec une force
inaccoutumée ; & la joie éclai-
roit mon ame dans ſes plus ſom-
bres profondeurs.

CHAPITRE IV.

LA VOIX.

Une chose me surprenoit : je ne voyois point d'habitans dans ces jardins de délices. Je ne sçais combien d'idées m'agitoient l'esprit à cette occasion, lorsqu'une Voix vint frapper mes oreilles. Arrête, me dit-on ! regarde fixement devant toi ; & vois celui qui t'a inspiré d'entreprendre le voyage périlleux que tu viens de faire. Tout ému, je regardai longtemps sans rien voir : enfin j'apperçus une sorte de tache, une sorte d'ombre fixée dans l'air

à

à quelques pas de moi. Telle une eau trouble trompe l'espoir de la bergère qui vient la consulter, & ne lui rend qu'une image confuse de ses attraits. Je continuai de fixer des regards plus attentifs; & je crus discerner une forme humaine, & reconnoître une physionomie si douce & si prévenante, que, loin de m'effrayer, cette rencontre fut pour moi un nouveau motif de joie.

Je suis le préfet de cette isle, reprit l'ombre bienfaisante. Ton penchant pour la philosophie m'a prévenu en ta faveur : je t'ai fuivi dans la route que tu viens de faire : je t'ai défendu contre l'ouragan. Je veux maintenant te faire voir les raretés qui fe trouvent ici ; après quoi , j'aurai foin de te rendre à ta patrie.

Cette folitude qui t'enchante s'élève au milieu d'une mer orageufe de fables mouvants ; c'eft une ifle environnée de déferts inacceffibles , qu'aucun mortel ne fçauroit franchir fans un fecours plus qu'humain. Son nom eft GIPHANTIE. Elle fut donnée aux efprits élémentaires, un jour avant que le jardin d'Eden fût assigné au père du genre humain. Non pas que ces esprits passent ici leur temps dans le repos & l'oisiveté. Que feriez-vous, foibles mortels, si, répandus dans l'air, dans l'eau, dans les entrailles de la terre, dans la sphère du feu, ils ne veilloient sans cesse à votre sureté ? Sans nos soins, les éléments déchaînés auroient, depuis longtemps, effacé jusqu'aux derniers vestiges du genre humain. Que ne pouvons-nous vous préserver entièrement de leurs efforts déréglés ! Hélas ! notre pouvoir ne s'étend pas si loin : nous ne pouvons vous mettre entièrement à couvert

des maux qui vous environnent :
no is empêchons seulement qu'ils
ne vous accablent. C'eſt ici
que les eſprits élémentaires viennent ſe repoſer de leurs fatigues;
c'eſt ici que ſe tiennent leurs aſ-
ſemblées , & que ſe concertent
les meſures les plus juſtes pour
l'adminiſtration des élémens.

CHAPITRE V.

LE CONTRE-SENS.

DE tous les pays du monde, ajouta l'esprit élémentaire, Giphantie est le seul où la nature conserve encore son énergie primitive. Sans cesse elle y travaille à augmenter les nombreuses familles des végétaux & des animaux, & à donner de nouvelles espèces. Elle organise tout avec une admirable intelligence ; mais elle ne réussit pas toujours à perpétuer tout. Le méchanisme de la propagation est le chef-d'œuvre de sa sagesse : quelquefois

elle le manque, & ſes productions rentrent pour jamais dans
le néant. Nous ménageons, avec
toutes les précautions dont nous
ſommes capables, celles qui ſe
trouvent aſſez parfaitement or-
ganiſées pour pouvoir ſe repro-
duire; &, dans la ſuite, nous avons
ſoin de les diſtribuer ſur la terre.

Un naturaliſte s'étonne quelquefois de trouver des corps na-
turels, qu'aucun autre avant lui
n'avoit remarqués : c'eſt que
nous en avons pourvu la terre
depuis peu, & c'eſt ce qu'il n'a
garde de ſoupçonner.

Quelquefois aussi ces corps expatriés, ne trouvant point de climat qui leur soit parfaitement analogue, dépérissent insensiblement, & l'espèce vient à manquer. Telles sont ces productions dont parlent les anciens, & que les modernes se plaignent de ne trouver nulle part.

Telle espèce de plante subsiste encore, mais languit depuis plusieurs siècles, perd ses qualités, & trompe le médecin, qui tous les jours manque son objet. On accuse l'art; on ne sçait pas que c'est la faute de la nature.

J'ai actuellement une collection de nouveaux simples de la plus grande vertu : & j'en aurois déjà fait part aux hommes, si de fortes raisons ne m'eussent porté à différer.

Par exemple, j'ai une plante souveraine pour fixer l'esprit humain, & qui donneroit de la constance, même aux Babyloniens : mais, depuis cinquante ans que j'observe soigneusement Babylone, je n'ai pas trouvé un seul moment où les penchants, les usages, les mœurs, valussent la peine d'être fixés.

J'en ai une autre , admirable
pour réprimer les saillies , quelquefois trop vives , de l'esprit
d'invention : mais tu sçais combien aujourd'hui cet excès est
rare : jamais on n'imagina moins.
On croiroit que tout est dit , &
qu'il ne reste plus qu'à donner
aux choses le ton du siècle & un
habit à la mode.

J'ai une racine qui , à coup
sûr, adouciroit l'aigreur des gens
de lettres qui se critiquent : mais
j'observe que, sans leur acharne-
ment à se déchirer , personne ne
s'intéresseroit à leurs querelles.
On aime à les voir avilir la litté-

rature, & fe déshonorer mutuellement. Je laiffe la malignité des
lecteurs fe faire un jeu de la malignité des auteurs.

Au furplus, ne t'imagine pas
que la nature fe repofe en aucun lieu de la terre : elle travaille
avec effort dans les efpaces même
me infiniment petits, où l'œil ne
fçauroit atteindre. A Giphantie,
elle arrange la matière fur des
plans extraordinaires, & tend
fans ceffe à donner du neuf : par-
tout ailleurs elle repaffe inceffamment
famment fur les mêmes traces &
fe répète fans fin, mais toujours
en s'efforçant de porter fes ou-

vrages à un point de perfection où elle n'arrive jamais. Ces fleurs qui vous frappent si agréablement la vue, elle tend encore à les rendre plus éclatantes. Ces animaux qui vous semblent si adroits, elle tend encore à les rendre plus industrieux. L'homme enfin qui vous semble si fort au-dessus du reste, elle tend encore à le rendre plus parfait ; & c'est à quoi elle réussit le moins.

On diroit, en effet, que le genre humain fait tout ce qui dépend de lui pour rester bien au-dessous du degré où la nature veut l'élever ; & les plus heureuſes diſpoſitions qu'elle lui donne pour le bien , il ne manque preſque jamais de les tourner au mal. A Babylone , par exemple, la nature a jetté dans les eſprits un fonds d'agrément inépuiſable. Son but étoit manifeſtement de former le peuple le plus aimable de la terre. Il étoit fait pour égayer la raiſon , extirper les épines dont les approches des ſciences ſont hériſſées , adoucir l'auſtérité de la ſageſſe , & , s'il ſe peut , embellir la vertu. Tu le ſçais : les graces qu'il auroit dû répandre ſur ces objets, il les a détournées de leur deſtination ; il en a revêtu la frivolité & le désordre. Entre les mains des Babyloniens, le vice perd tout ce qu'il a de révoltant. Voyez, dans leurs manières, leurs discours, leurs écrits, avec quelle discrétion il se dévoile, avec quel art il intéresse, avec quelle adresse il s'insinue : vous n'y avez pas encore pensé, & il s'est établi dans votre cœur. Celui même qui, par état, élève sa voix pour le combattre, n'ose le montrer dans toute sa difformité : il se proposeroit de l'excuser, qu'il ne le peindroit pas avec plus de ménagement. Nulle part enfin le crime ne paroît moins crime qu'à Babylone. Jusqu'aux déno-

minations, tout est changé, tout
est adouci. Les gens comme il
faut, les honnêtes gens sont aujourd'hui des hommes à la mode, dont l'extérieur n'a rien que
d'engageant, & l'intérieur rien
que de corrompu: la bonne com-
pagnie n'est point celle où se
trouve le plus de gens vertueux,
mais où l'on excelle à pallier le
vice. Celui que les secousses de la
fortune ne peuvent ébranler,
vous l'appelleriez esprit fort; &
vous parleriez improprement: on
ne nomme ainsi que celui qui bra-
ve la providence. A l'irréligion la
plus complette on donne le nom
de liberté de penser; au blaf-

phême, celui de hardieſſe ; aux
excès les plus honteux, celui de
galanterie. C'eſt ainſi qu'avec
ce qu'il falloit pour devenir le
modèle de toutes les nations ,
les Babyloniens (pour ne rien
dire de plus fort) ſont devenus
des libertins de l'eſpèce la plus
ſéduiſante & la plus dangereuſe.

CHAPITRE VI.

LES APPARITIONS.

JE reviens aux esprits élémentaires , poursuivit le préfet de
Giphantie. Le séjour continuel
qu'ils font dans l'air , toujours
chargé de vapeurs & d'exhalaisons ; dans l'eau, toujours char-
gée de sels & de terres ; dans
le feu , presque sans cesse oc-
cupé au tour de mille corps
hétérogènes ; dans la terre , où
tous les autres éléments s'insi-
nuent & se confondent : ce séjour, dis-je, dégrade peu-à-peu
l'essence pure de ces esprits,

dont

dont la nature primitive eſt d'ê-
tre (quant à leur ſubſtance ma-
térielle) tout ſeu ou tout autre
élément ſans mélange. Cette
dégradation a été quelquefois ſi
loin, que, par la mixtion des dif-
férens éléments, ces eſprits ont
acquis aſſez de conſiſtance pour
être apperçus. Les hommes en
ont vu dans le feu, & les ont appellés ſalamandres & cyclopes :
ils en ont vu dans l'air, & les ont
appellés ſylphes, zéphyrs, aqui-
lons : ils en ont vu dans l'eau, &
les ont appellés nymphes, naïa-
des, néréides, tritons : ils en
ont vu dans les cavernes, les ſo-
litudes, les forêts, & les ont ap-

Partie I. **C**

pellés gnomes, fylvains, fau-
nes, fatyres, &c.

De l'étonnement que ces apparitions leur causèrent, les
hommes tombèrent dans la crainte, & de la crainte dans la fu-
perftition. Ils élevèrent à ces
êtres, créés comme eux, des autels, qui n'étoient dûs qu'au
créateur. Bientôt, leur imagination enchériffant fur ce qu'ils
avoient vu, ils fe formèrent une
hiérarchie de divinités chimé-
riques. Le foleil leur parut un
char lumineux, qu'Apollon con-
duifoit dans les plaines céleftes;
le tonnerre, un trait de feu dont

Jupiter menaçoit les têtes coupables ; la mer, un vaste empire où Neptune gourmandoit les flots ; les entrailles de la terre, un séjour ténébreux où Pluton donnoit des loix aux ombres pâles & craintives : en un mot, ils remplirent le monde de dieux & de déesses. La terre elle-même devint une divinité.

Dès que les esprits élémentaires s'apperçurent combien leurs apparitions étoient capables d'induire les hommes en erreur, ils prirent des mesures pour ne plus devenir visibles : ils imaginèrent une espèce de filtre, une sorte de filière, où de temps en temps ils viennent déposer ce qu'ils ont d'étranger à leur fubftance. Depuis ce temps, jamais œil mortel n'a vu la moindre trace de ces efprits.

CHAPITRE VII.

LES SURFACES.

CEPENDANT le préfet de Giphantie avançoit, & je le suivois tout étonné & tout pensif. En sortant de l'épaisseur du bois, nous nous trouvâmes en face d'un petit coteau, au pied duquel s'élevoit une colomne creuse, & grosse à proportion de sa hauteur, qui alloit à plus de cent pieds. Je vis sortir du haut de cette colomne des vapeurs assez semblables à ces exhalaisons que les chaleurs de l'été élèvent de la terre en si grande

abondance, qu'elles deviennent
fenfibles. De la même colomne
je voyois fortir & fe difperfer
dans l'air certaines formes hu-
maines, certains fimulacres plus
légers encore que les vapeurs
qui les emportoient.

Voici, dit le préfet, la filière
des efprits élémentaires. Cette
colomne eft remplie de quatre ef-
fences, dont chacune a été ex-
traite de chaque élément. Les
efprits s'y plongent ; &, par une
méchanique qu'il feroit trop long
d'expliquer, y dépofent toute
fubftance étrangère. Ces fimulacres, que tu vois fortir de la colomne, ne font autre chofe que

les dépouilles des esprits, c'est-
à-dire, des surfaces très-minces
qui les environnoient & ten-
doient à les rendre visibles. Ces
dépouilles tiennent des différentes qualités des esprits qui excel-
lent plus ou moins à certains
égards, comme les physionomies
tiennent des caractères des hommes qui varient à l'infini. Ainsi,
il est des simulacres ou des surfaces de science, d'érudition, de
prudence, de sagesse, &c.

Les hommes s'en revêtent souvent, & ce sont comme des mas-
ques qui les font paroître tout
autres qu'ils ne sont. De-là viens

C iv

que vous trouvez à chaque pas
l'apparence de tous les biens ; de
toutes les qualités, de toutes les
vertus, quoique vous n'en trou-
viez le fonds presque nulle part.

A Babylone surtout, les simulacres sont singulièrement en es-
time : tout y vise à l'apparence.
Un Babylonien aimeroit mieux
n'être rien & paroître tout, que
d'être tout & ne paroître rien.
Aussi vous ne voyez que surfaces
de toutes parts, & dans tous les
genres.

Surface de modestie ; la seule
chose qui soit nécessaire à une

Babylonienne : on l'appelle dé-
cence.

Surface d'amitié, au moyen de
laquelle Babylone ne semble ha-
bitée que par une seule famille.
L'amitié est comme un lien très-
fort, formé d'un assemblage de
filets très-foibles. Un Babylonien ne tient à personne par le
lien; mais il tient à chacun de
ses concitoyens par un filet.

Surface de piété, autrefois
fort en usage & d'une grande influence, aujourd'hui totalement
en discrédit. Elle donne aux
gens un certain air gothique, tout

à-fait rifible aux yeux des modernes. On ne la trouve plus que
chez un petit nombre de per-
fonnes attachées à de vieux dé-
vots, & chez une claffe de gens
qui, par état, ne peuvent s'en
dépouiller, quelque defir qu'ils
en aient.

Surface d'opulence ; l'une
des chofes qui frappe le plus à
Babylone. Voyez, dans les temples, dans les affemblées, aux
promenades, cet air d'aifance ;
ces pères de famille fi étoffés ;
ces femmes fi parées, ces enfants
fi élégants, fi vifs, & qui promet-
tent tant d'être un jour auffi frivo-

les que leurs pères : suivez-les
chez eux ; des meubles du meil-
leur goût, des appartements com-
modes , des maisons qui semblent de petits palais , tout con-
tinue de vous anoncer l'opulence. Mais n'allez pas plus loin :
si vous approfondissez, vous trouverez des familles dans la dé-
tresse , & des cœurs pleins de
souci.

Surface de probité , à l'usage
des politiques & de ceux qui se
mêlent de gouverner les autres.
Ces grands hommes ne peuvent
pas être aussi honnêtes gens que
le petit peuple ; ils ont certaines

maximes dont ils croient essentiel de ne jamais s'écarter, &
dont il n'est pas moins essentiel
qu'ils paroissent extrêmement
éloignés.

Surface de patriotisme , dont
il y a longtemps que le fonds s'est
évanoui. Il faut bien distinguer,
dans la conduite des Babyloniens,
la théorie de la pratique. La
théorie roule toute entière sur
le patriotisme. Bien public, intérêt de la nation , gloire du nom
Babylonien , propos de théorie
que tout cela. La pratique a pour
pivot l'intérêt personnel. Ce
qu'il y a de singulier , c'est qu'à

cet égard les Babyloniens ont
été longtemps dupes les uns des
autres. Chacun fentoit bien que
la patrie le touchoit peu : mais
il en entendoit parler fi fouvent
& fi affectueufement aux autres,
qu'il fe perfuadoit qu'il exiftoit
encore de vrais patriotes. Maintenant ils ouvrent les yeux, &
voient que tous fe valent bien.

CHAPITRE VIII.

LE GLOBE.

Tel eſt le ſort des eſprits élémentaires, continua le préfet de Giphantie. A peine ſortis de la colomne probatique où ils ſont purifiés, ils retournent à leurs travaux ordinaires : &, pour voir où leur préſence eſt le plus néceſſaire, & où les hommes ont le plus beſoin de leurs ſecours, au ſortir de la colomne, ils montent ſur ce coteau. Là, par un méchaniſme auquel toute l'intelligence des eſprits eut peine à ſuffire, on voit & l'on entend ce qui fe paffe dans toutes les contrées du monde. Tu vas t'en affurer par toi-même.

De chaque côté de la colomne, eft un grand efcalier de plus de deux cent degrés, qui conduit à la cîme du coteau. Nous montâmes ; & nous étions à peine au milieu, lorfque mes oreilles furent frappées d'un bourdonnement importun, qui augmentoit à mefure que nous avancions. Parvenu à une plate-forme qui termine le coteau, la première chofe qui fixa mes yeux, fut un Globe d'un diamétre confidérable. De ce Globe, procédoit le bruit que j'entendois. De loin, c'étoit un bourdonnement ; de près, c'étoit un effroyable tintamarre , formé d'un assemblage confus de cris de joie , de cris de désespoir, de cris de frayeur , de plaintes , de chants , de murmures , d'acclamations , de ris , de gémissements, de tout ce qui annonce l'abattement immodéré & la joie folle des hommes.

De petits canaux imperceptibles, reprit le préfet , viennent, de chaque point de la superficie de la terre , aboutir à ce Globe. Son intérieur est organisé de manière que l'émotion de l'air qui

qui se propage par les tuyaux
imperceptibles, & s'affoiblit à la
longue, reprend de l'énergie à
l'entrée du Globe, & redevient
sensible. De là, ces bruits, ce
tintamarre, ce chaos. Mais à quoi
serviroient ces sons confus, si
l'on n'avoit pas trouvé le moyen
de les discerner ? Vois l'image de
la terre peinte sur ce Globe ; ces
isles, ces continents, ces mers
qui embrassent, lient & séparent
tout. Reconnois-tu l'Europe,
cette partie de la terre qui a
causé tant de malheurs aux trois
autres ? l'Afrique brûlante, où
les arts & les besoins qui les
suivent n'ont jamais pénétré ?

Partie I. D

l'Afie, dont le luxe, en paffant chez les nations Européennes, a fait tant de bien, felon les uns, & tant de mal, felon les autres? l'Amérique, encore teinte du fang de fes malheureux habitants, que des hommes d'une religion pleine de douceur font venus convertir & égorger? Remarque tel point de ce Globe qu'il te plaira : En y pofant la pointe de la baguette que je te mets aux mains, & portant l'autre extrémité à ton oreille, tu vas entendre diftinctement tout ce qui fe dit dans l'endroit correfpondant de la terre.

CHAPITRE IX.

LES PROPOS.

SURPRIS de ce prodige, je mis la pointe de la baguette fur Babylone; je prêtai l'oreille, & j'entendis ce qui fuit.....

         » Puifque vous me confultez
     » fur cet écrit, je vous en dirai
     » naïvement mon avis. Je le
     » trouve fage, & de beaucoup
     » trop. Quoi! pas un mot con-
     » tre le gouvernement, contre
     » les mœurs, contre la religion!
     » Qui vous lira? Si vous fçaviez
     » combien on eft las d'hiftoire,

» de morale , de philosophie , de
» vers , de prose , de tout !
» Tout le monde s'est mis à écri-
» re ; & vous trouverez plus ai-
» sément un auteur qu'un lec-
» teur. Comment percer la fou-
» le ? Comment s'attirer l'atten-
» tion, si ce n'est par ces traits
» lancés, à propos ou non, contre
» les gens en place ; par ces dé-
» bauches d'imagination propres
» à réveiller le goût des plaisirs,
» que l'abus a émoussé ; par ces
» petits arguments qui, maniés
» & remaniés en mille manières,
» plaisent toujours, parce qu'ils
» attaquent ce que nous crai-
» gnons ? Voilà , selon moi,

» l'unique route qui s'offre à un
» écrivain qui a quelques préten-
» tions à la renommée. Voyez
» nos philosophes : quand ils ré-
» fléchissent sur la nature de l'a-
» me, par exemple, ils tombent
» dans un doute dont toute leur
» raison ne sçauroit les faire sor-
» tir. Viennent-ils à écrire ? ils
» tranchent la difficulté, & l'a-
» me est mortelle. S'ils le disent
» ainsi, ce n'est pas qu'ils en soient
» intérieurement persuadés ; c'est
» qu'ils veulent écrire, & écri-
» re des choses qui se fassent
» lire. Encore, si vous vous étiez
» fait quelques partisans ; si vous
» étiez de quelqu'une de ces

D iij

» cotteries, où l'encenfoir paffe
» de main en main, & où cha-
» cun, à fon tour, eft l'idole !
» Mais non; vous êtes, au milieu
» des cabales littéraires, comme
» un théologien qui prétendroit
» n'être ni janféniste, ni moli-
» niste. Qui voulez-vous qui fe
» charge de vos intérêts ? Qui
» vous prônera ? Qui accou-
» tumera les yeux à voir votre
» nom parmi ceux que nous ref-
» pectons ?

J'appuyai la pointe de la baguette une demie-ligne plus bas;
& j'entendis probablement un
partifan qui jettoit fes calculs fur
le peuple.

» N'eſt-il pas vrai , diſoit-il ,
» que , dans le beſoin de l'état ,
» chacun doit contribuer à pro-
» portion de ſon bien , déduc-
» tion faite des dépenſes qu'il eſt
» tenu de faire ? N'eſt-il pas vrai
» encore qu'un très-petit hom-
» me dépenſe moins en habil-
» lements qu'un autre de très-
» grande taille ? N'eſt-il pas vrai ,
» enfin , que cette différence de
» dépenſe eſt très-conſidérable ,
» puiſqu'il faut aujourd'hui des
» habits d'été , des habits d'hi-
» ver , des habits de printemps ,
» des habits d'automne , des ha-
» bits de campagne , des habits
» de chaſſe , & je ne ſçais com-

D iv

» bien d'autres ? On en auroit
» aussi du matin & du soir ; mais
» on ne connoît point de matin
» à Babylone. Je voudrois donc
» que, la toise à la main, on fît
» contribuer les sujets de Sa
» Majesté ; & que chacun payât
» en raison renversée de sa hau-
» teur .... Autre considération
» du même poids. On a parlé de
» de mettre un impôt sur les cé-
» libataires ; on n'y pensoit pas.
» C'est chez ceux qui sont assez
» riches pour se marier, & sur-tout
» chez ceux d'entr'eux qui sont
» assez riches pour s'exposer à
» avoir des enfants, qu'il faut cher-
» cher de l'argent. Ainsi, il fau-

» droit taxer les pères de famille
» en raifon compofée du montant
» de leur capitation & du nom-
» bre de leurs enfants. J'ai dans
» mon porte-feuille je ne fçais
» combien de projets qui valent
» ceux-là, & que j'ai imaginés
» le plus heureufement du mon-
» de. Chacun a fon talent; voilà
» le mien : & l'on fçait combien
» il eft à prifer aujourd'hui «.

A peu de diftance, un gram-
mairien faifoit fes obfervations.
» On parle trois langues à Baby-
» lone, difoit-il; celle du petit
» peuple, celle du petit-maître,
» celle des honnêtes gens. La

» première fert à dire, d'une ma-
» nière dégoûtante, des chofes
» qui révoltent. Avec 'out le
» difcernement dont ils fe flat-
» tent, des auteurs ont écrit
» en cette langue; les Babylo-
» niens, avec toute leur délica-
» teffe, les ont lus avidement.
» La feconde eft formée de cer-
» tains tiffus de mots imaginés
» pour fuppléer aux chofes. Vous
» parlerez ce langage un jour en-
» tier; &, à la fin, il fe trouvera
» que vous n'aurez rien dit. Pour
» bien entrer dans le caractère
» de l'idiôme, il eft effentiel de
» déraifonner fans ceffe, & de
» s'éloigner le plus qu'il eft pof-

» fible du fens commun. La troi-
» fième manque de certaine pré-
» cifion, de certaine force, de
» certaines graces ; mais elle eſt
» ſuſceptil le d'une élégance &
» d'une netteté ſingulières. Elle
» ne fournira peut-être pas aſſez
» aux emportements du poète,
» ni aux fougues du muſicien :
» mais elle ſe prêtera avec une
» facilité admirable à toutes les
» idées de celui qui obſerve,
» compare, diſcute & cherche
» la vérité. Sans doute, c'eſt la
» langue la plus propre à parler
» raiſon ; & c'eſt, malheureuſe-
» ment, à quoi elle eſt le moins
» employée «.

Je crus entendre une femme à quelques pas de-là ; j'y portai la baguette : » Je vous avoue, di- » soit-elle, que j'aime ce roman » à la folie : il eſt écrit on ne » peut mieux. Pourtant, cette » Julie, qui ſe défend pendant » trois volumes, & ne ſe rend » qu'à la fin du quatrième, jette » ſur l'intrigue un peu trop de » langueur. Auſſi le vicomte » avance-t-il ſi peu ſes affaires, que » c'eſt pitié. Il prélude par tant » de petits ſoins, il emploie » tant de temps en proteſtations, » il preſſe ſa conquête avec tant » de ménagement, que moi, qui » ne ſuis pas des plus vives, il

» m'a cent fois impatientée.
» Assurement, l'auteur ne con-
» noît pas assez les mœurs de la
» tion «.

CHAPITRE X.

LE BONHEUR.

LE hazard voulut que la pointe de ma baguette tombât fur
une affemblée où l'on parloit du
Bonheur. Chacun difoit fon avis;
& je recueillis les voix.

» On a enfin démafqué cette
» fuperbe colonnade, difoit-on;
» on penfe à dégager ce grand
» & beau portail offufqué par de
» petites & vilaines maifons;
» on fe repent d'avoir bâti fous
» terre pour orner une place : le
» goût fe rétablit, les beaux arts

» vont fleurir : dans peu Baby-
» lone annoncera la magnificen-
» ce du monarque , & le bon-
» heur de fon peuple . . . . Il eſt
» bien queſtion de périſtiles , de
» belles places & de grandes vil-
» les , pour rendre un peuple heu-
» reux : il faut l'enrichir. Il faut
» exciter l'induſtrie , encourager
» la culture des terres , multi-
» plier les manufactures , & faire
» fleurir le commerce : fans quoi,
» tout le reſte n'eſt rien . . . . So-
» tiſes ! Je l'ai dit plus d'une fois,
» & je le répète : Si nous voulons
» être heureux , il faut ſimpli-
» fier nos mœurs ; rétrécir le cer-
» cle de nos befoins ; & , dans la

» rufticité des champs, fe déro-
» ber aux vices qui fuivent le luxe
» des villes... Je ne fçais pas en
» quoi confifte le bonheur des
» peuples ; mais je crois que le
» bonheur des particuliers con-
» fifte dans la fanté du corps &
» la tranquillité de l'efprit......
» Non pas affurément. La fanté
» ne fait aucune impreffion vi-
» ve, & la tranquillité vous en-
» nuie. Pour être heureux, il
» faut jouir d'une grande renom-
» mée ; car, à chaque inftant,
» votre oreille eft chatouillée par
» des éloges..... Oui : mais auffi
» à chaque inftant elle eft déchi-
» rée par des critiques, parce
» qu'on

» qu'on ne peut plaire à tou le
» monde. Mon avis eſt qu'on eſt
» heureux à proportion de ſon
» autorité & de ſon pouvoir :
» car on peut ſe ſatisfaire dans
» la même proportion . . . . Oui :
» mais , dès-lors , on manque de
» cet empreſſement qui met le
» prix aux choſes : il ſuffit de
» pouvoir tout , pour ne ſe ſou-
» cier de rien. Je crois, moi, que,
» pour être heureux , il faut mé-
» priſer tout : c'eſt le moyen d'é-
» viter quelque eſpèce de cha-
» grin que ce puiſſe être . . . . Et
» moi , je crois qu'il faut s'inté-
» reſſer à tout : c'eſt le moyen
» de prendre part à quelque ſu-

Partie I. E

» ;et de joie que ce foit.... Et
» moi, je crois qu'il faut être in-
» différent fur tout : c'eft le
» moyen de jouir d'un bien-être
» inaltérable.... Pour moi, je
» penfe qu'il faut être fage : la
» fageffe feule peut nous mettre
» au-deffus de tous les événe-
» ments.... Et moi, je dis qu'il
» faut être fou : la folie fe fait
» fon bonheur à part, & indé-
» pendamment de tout ce qui fe
» paffe de fâcheux autour d'el-
» le..... Tous tant que vous
» êtes, vous avez tort. On ne
» peut affigner rien de général
» qui puiffe faire le bonheur du
» particulier. Les efprits varient

» tel veut un bonheur d'un gen-
» re, tel autre d'un autre : celui-
» ci demande des richeffes, ce-
» lui-là fe contente du néceffai-
» re ; l'un veut aimer & être ai-
» mé, un autre regarde tout pen-
» chant du cœur comme un
» précipice pour l'ame. Il faut
» que chacun s'étudie, & fuive
» fon penchant...Point du tout ;
» & vous n'avez pas plus raifon
» qu'eux tous. En vain je me
» perfuade que je ferois heureux,
» fi je poffédois telle chofe ; dès
» que je la poffède, je fens qu'elle
» ne fuffit point, & j'en fouhai-
» te une autre. On defire fans
» ceffe ; on ne jouit jamais. Un

E ij

» homme étoit perpétuellement
» en route, & toujours à pied :
» excédé de fatigue, il difoit :
» Je ferois content, fi j'avois un
» cheval. Il en eut un ; mais la
» pluie, le froid, le foleil con-
» tinuèrent de l'incommoder.
» Un cheval ne fuffit point, dit-
» il ; une voiture peut feule met-
» tre à couvert des intempéries
» de l'air. Sa fortune augmenta ;
» on fe pourvut d'une voiture.
» Qu'arriva-t-il ? L'exercice &
» la fatigue avoient, jufqu'alors,
» foutenu la fanté de notre
» voyageur : dès qu'il en man-
» qua, il devint gouteux & infir-
» me ; & bientôt il ne lui fut

» plus possible d'aller ni à pied,
» ni à cheval, ni en voi-
» ture «.

CHAPITRE XI.

LE POT-POURRI.

JE n'arrêtai plus la baguette en aucun endroit ; je la portai sans distinction de côté & d'autre : & je n'entendis plus que des propos rompus, tels que ceux-ci :

» On craint la guerre, les im-
» pôts, la misère; petites frayeurs
» que tout cela : hélas ! j'en ai
» bien une autre. J'ai imaginé un
» système sur les tremblements
» de terre ; &, calcul fait, je
» trouve que, tout près du cen-
» tre du globe, il se forme ac-

» tuellement un foyer tel, qu'il
» culbutera tout. Encore six
» mois, & la terre éclatera com-
» me une bombe : toute la na-
» ture. . . , Oui : toute la nature
» disparoît à mes yeux ; toi seul
» existes pour moi : éteins, cher
» amant, éteins le feu dont tu
» m'as embrasée. Quel instant !
» la volupté absorbe tous mes
» sens : mon ame, pénétrée de dé-
» lices, semble prête à me quit-
» ter ; elle palpite, elle s'ébran-
» le, elle m'échappe : reçois-la,
» cher amant ; je te la livre
» toute entière. Ah ! j'entends
» venir mon mari : fuyons........
» Courage, braves soldats : frap-

» pez, vengez la nation ; que le
» fang coule, & que nul ne foit
» épargné. Périffent les Infulai-
» res, vivent les Babyloniens......
» Je vous foutiens, moi, que, de
» tous les peuples, il n'en eft
» point de fi gai que le Baby-
» lonien. Il prend toujours les
» chofes du côté le plus riant.
» Un jour de profpérité lui fait
» oublier une année de mal-
» heurs. Jufqu'à fa propre mi-
» sère, il chanfonne tout ; & une
» épigramme le venge des pertes
» que lui caufent les fottifes des
» grands......... O que nos grands
» font petits ! & que nos fages
» font fous ! Je ne peux m'ôter

» de la tête que l'homme est un
» ouvrage manqué. Je vois bien
» dans la nature des efforts qui
» tendent à le rendre raisonna-
» ble ; mais je vois aussi que ces
» efforts sont infructueux. Il n'y
» a point d'étoffe. Il n'est que
» deux âges : celui d'imbécillité,
» dans lequel nous naissons , &
» passons les deux tiers de la vie;
» & celui d'enfance, dans lequel
» nous vieillissons & mourons.
» J'entends bien parler d'un âge
» de raison ; mais je ne vois
» point qu'il arrive. Je conclus
» donc, & je dis . . . .
» Oui, madame, du cotton trans-
» parent. Tout - à - l'heure on

» vient d'en faire la découverte

» dans les terres Auftrales : ainfi

» plus de rhûmes, ni de fluxions.

» Des mouchoirs, des gands &

» des bas diaphanes, protége-

» ront contre le froid, & en mê-

» me temps nous laifferont ap-

» percevoir cette gorge admira-

» ble, ces bras charmants & cette

» jambe divine... Des doutes par-

» tout, de la certitude nulle part.

» Que je fuis las d'entendre, de

» lire, de réfléchir, & de ne rien

» apprendre au jufte ! Qui me

» dira feulement ce que c'eft.....

» C'eft cet homme de la campa-

» gne, monfeigneur, qui quitte

» fa charrue, & vient vous par-

» ler de l'affaire de ces pauvres
» orphelins, qui ne finit point.
» Cela est vrai ; mais que vou-
» lez-vous ? nous sommes si ac-
» cablés ! N'importe, je veux
» terminer ; comptez-moi cette
» affaire au plus juste. Ah ! mon
» cher monsieur, je suis fort
» aise de vous voir : vraiment, je
» vous dois un compliment : la
» dernière perruque que vous
» m'avez faite, me vieillit de dix
» ans. Surement, monsieur ne
» trouvoit pas que j'eusse une
» physionomie assez magistrale ?
» Sçavez-vous, mon cher mon-
» sieur, qu'il n'en faut pas da-
» vantage pour me couvrir de

» ridicule, & vous perdre de
» réputation ? . . . .
» Seigneur, trois femaines d'un
» vent d'*Ouest*, pour que mon
» vaiffeau puiffe aller . . . .
» Seigneur, trois femaines d'un
» vent d'*Est*, pour que le mien
» puiffe revenir . . . . Mon
» Dieu, donnez - moi des en-
» fants . . . . . . Mon Dieu, en-
» voyez une fièvre maligne à ce
» fils qui me déshonore . . . . . .
» Mon Dieu, donnez - moi un
» mari . . . Mon Dieu, défaites-
» moi du mien . . . . . «.

Peut-être tout ce fatras ne fe-
ra-t-il pas du goût de la plupart

de mes lecteurs. J'en ferois fâ-
ché. Auffi, à quoi penfent les
hommes de tenir des propos fi
bizarres, fi peu fenfés, & fi con-
tradictoires ?

CHAPITRE XII.

LE MIROIR.

COMME je m'amufois de tous ces propos, le préfet de Giphantie me préfenta un miroir. Tu ne peux que deviner les chofes, me dit-il : mais, avec ta baguette & cette glace, tu vas entendre & voir tout-à-la-fois ; rien ne t'échappera ; tu feras comme préfent à tout ce qui fe paffe.

De diftance en diftance, pourfuivit l'efprit élémentaire, il fe trouve dans l'atmofphère des portions d'air que les efprits ont

tellement arrangées, qu'elles re-
çoivent les rayons réfléchis des
différents endroits de la terre,
& les renvoient au miroir que
tu as fous les yeux : de manière
qu'en inclinant la glace en différents fens, on y voit différentes
parties de la furface de la terre.
On les verra fucceffivement toutes, fi on place fucceffivement
le miroir dans tous fes afpects
poffibles. Tu es le maître de prô-
mener tes regards fur les habi-
tations des hommes.

Je me faifis avec empreffement de cette glace merveilleu-
fe. En moins d'un quart-d'heure,

je paffai toute la terre en re-
vue.

J'apperçus beaucoup de vuides, même dans les pays les plus
peuplés : & je vis pourtant les
hommes fe preffer , fe heurter ,
fe maffacrer, comme fi la place
leur manquoit.

Je cherchai longtemps le
bonheur , & ne le trouvai nulle
part , pas même dans ces royaumes que nous appellons florif-
fants : j'en apperçus feulement
quelques traces dans les campagnes que l'éloignement met-
toit à couvert de la contagion des
villes.   J'embraffai

J'embraffai d'un coup d'œil les vaftes contrées que la nature avoit voulu féparer par des mers encore plus vaftes; & je vis les hommes couvrir ces mers de vaif-feaux, & les faire fervir de liens entre ces contrées même. C'eft manifeftement aller contre les intentions de la nature, difois-je: de telles démarches ne peuvent avoir de fuccès. Auffi ne voit-on pas que l'Europe foit plus heureufe depuis qu'elle eft jointe en quelque forte à l'A-mérique; & je ne fçais fi elle n'eft pas plus à plaindre.

Je vis les préjugés varier com-

Partie I. F

me les climats, &, par-tout, faire beaucoup de bien & de mal.

Je vis des peuples sages se
réjouir à la naissance de leurs
enfants, & se lamenter à la mort
de leurs parents & de leurs amis :
j'en vis d'autres plus sages en-
vironner l'enfant nouveau né,
& pleurer amèrement, en consi-
dérant les orages qu'il devoit
essuyer dans la carrière qu'il alloit parcourir ; ils réservoient
leurs réjouissances pour les con-
vois funèbres, & félicitoient les
morts d'être enfin à couvert de
toutes les misères de l'humanité.

Je vis la terre couverte de monuments de tout genre, que la foibleſſe élève à l'ambition des héros. Juſques dans les temples, le bronze & le marbre, qui renferment les cendres des morts, offrent des images de la guerre, & reſpirent le carnage : & les ſtatues mêmes de ces amis des hommes, de ces ſouverains pacifiques, que les malheurs des temps engagèrent dans des guerres de courte durée, on les environne d'ornements belliqueux & de nations enchaînées; comme ſi les lauriers teints de ſang étoient ſeuls dignes de couronner les rois.

Je vis le plus respectable de tous les penchants qui naissent dans le cœur humain, porter les hommes aux excès les plus extravagants. Les uns adressoient leurs vœux au soleil, les autres imploroient l'assistance de la lune, & d'autres se prosternoient devant les montagnes ; celui-ci trembloit à l'aspect de Jupiter tonnant, celui-là fléchissoit le genou devant un singe. Le bœuf, le chien, le chat, avoient leurs autels. L'encens brûloit pour les plantes même ; le bled, la fève, l'oignon, avoient un culte & des adorateurs.

Je vis la famille des hommes
se diviser en autant de partis que
de religions; ces partis se dépouiller de toute humanité pour se
revêtir du fanatisme, & ces fana-
tiques s'acharner les uns contre
les autres comme autant de bê-
tes féroces.

Je vis des gens qui adoroient
le même Dieu, qui sacrifioient
sur le même autel, qui prêchoient
aux peuples l'esprit de paix &
de douceur; je les vis prendre
querelle sur des questions inin-
telligibles, & bientôt se haïr,
se persécuter & se perdre mutuellement. O Dieu ! que de-

viendront les hommes, s'ils ne trouvent dans toi encore plus de bonté qu'il ne se trouve dans eux de foiblesse & de folie?

Enfin, je vis les différentes nations, variées à mille égards, se ressembler en ce qu'elles ne valent pas mieux les unes que les autres. Tous les hommes sont méchants; l'Ultramontain par système, l'Ibérien par orgueil, le Batave par intérêt, le Germain par rudesse, l'Insulaire par humeur, le Babylonien par boutade, & tous par une corruption générale du cœur humain.

CHAPITRE XIII.

L'ÉPREUVE.

CE coup d'œil général jetté sur toute la terre, je voulus voir Babylone en particulier. Ayant tourné ma glace au Nord, & l'inclinant lentement sur le vingtième méridien, je tâchois de joindre cette grande ville. Parmi les cantons qui passoient successivement sous mes yeux, il s'en trouva un qui fixa mon attention. J'y apperçus une maison de campagne ni petite ni grande, ni trop ornée ni trop nue. La nature, plus que l'art, em-

F iv

bellissoit les dehors. Elle domi-
roit sur des jardins, des bosquets
& quelques étangs qui termi-
roient un coteau tourné à l'O-
rient. On y célébroit en ce moment une fête champêtre ; les
habitants des environs y étoient
accourus. Les uns, couchés sur
le gazon, bûvoient à longs traits,
& s'entretenoient de leurs anciennes amours ; les autres à leur
voix mêloient le son des muset-
tes ; & plusieurs exécutoient des
danses que les vieillards ne trou-
voient pas aussi belles que celles du temps passé.

Vois-tu sur le balcon, me dit

le préfet, cette jeune femme qui, d'un air riant, confidère ce fpectacle? Elle eft mariée depuis quelques jours, & c'eft pour elle que fe donne cette fête. Son nom eft Sophie: elle a de la beauté, comme tu vois, de la fortune, de l'efprit, &, ce qui vaut plus que tout le refte, beaucoup de bon fens. Elle a eu tout à la fois cinq amants: aucun n'avoit fait fur fon cœur une impreffion vive, aucun ne lui déplaifoit; elle ne fçavoit auquel donner la préférence.

Un jour elle leur dit: Je fuis jeune; & mon intention n'eft

pas de me jetter encore dans
ces liens indiſſolubles, qu'on
ne ſe donne jamais que trop tôt.
Si ma main vaut autant que vos
empreſſements ſemblent l'annon-
cer, faites vos efforts pour la
mériter. Mais, je vous le décla-
re, je ne ferai mon choix que
dans quelques années.

Des cinq amants de Sophie,
le premier avoit beaucoup de
diſpoſition à diſſiper ſon bien.
Les femmes, dit-il, ſe prennent
par l'extérieur : dépenſons beaucoup, & n'épargnons rien.

Le ſecond avoit un fonds d'é-

conomie qui inclinoit à l'avari-
ce. Vis-à-vis de Sophie, dit-il,
qui pense solidement, le meil-
leur est de se montrer capable
d'amasser beaucoup de bien: jet-
tons-nous dans le commerce.

Le troisième avoit l'ame fière
& haute. Sûrement, dit-il, Sophie, qui pense avec noblesse,
se laissera toucher par l'éclat de
la gloire : prenons le parti des
armes.

Le quatrième étoit un homme de cabinet. Sophie, dit-il,
qui a tant d'esprit, penchera du
côté où elle en trouvera le plus :

continuons de cultiver le nôtre, & tâchons de nous distinguer parmi les sçavants.

Le cinquième étoit un homme oiseux, qui ne se soucioit pas beaucoup des affaires de ce monde : il ne sçavoit quel parti prendre.

Chacun suivit son plan, & le suivit avec cette ardeur que l'amour seul est capable d'inspirer.

Le prodigue fondit une partie de son bien en habits, en équipages, en domestiques ; il fit bâtir une belle maison, la

meubla superbement, tint table
ouverte, donna des bals & des
fêtes de toute espèce : on ne parloit que de sa générosité & de sa
magnificence.

Le marchand remua tous les
resforts du commerce, s'intéres-
sa dans toutes les parties du monde, & devint un des hommes
les plus riches de son pays. Le
militaire chercha des occasions,
& bientôt se distingua. Le sçavant redoubla ses efforts, fit
des découvertes, & se rendit célèbre.

Cependant l'oiseux faisoit ses

réflexions ; &, perfuadé qu'en
reftant dans l'inaction il feroit
exclus, il s'efforçoit de vaincre
fon indolence. Les biens qu'il
tenoit de fes pères lui femblè-
rent affez confidérables, il ne
voulut point fe jetter dans le
commerce ; le tumulte de la guerre étoit trop oppofé à fon caractère, il ne voulut point prendre le parti des armes ; il n'avoit
jamais lu que pour fon amufe-
ment, les fciences ne lui pa-
roiffoient point valoir les peines
qu'on fe donne pour elles ; il ne
fe foucia point de devenir fça-
vant. Que faire donc ? Atten-
dons, dit-il : le temps nous dé-

terminera. Ainfi il refta à fa mai-
fon de campagne, taillant fes
arbres, lifant Horace, & allant
voir de temps en temps le feul
objet qui troublât fa tranquillité. Toujours dans la réfolution
de prendre un parti, le temps
s'écoula ; il n'en prit aucun.

Le terme fatal approche, difoit-il quelquefois à Sophie :
vous allez vous décider, & ce
ne fera fûrement pas en ma faveur. Encore quelques jours,
& c'eft fait de moi. Cette folitude tranquille, ces champs délicieux, vous ne les embellirez
point, vous ne les animerez

point par votre préfence. Ces jours féreins, que je comptois paffer auprès de vous dans la volupté la plus pure, n'étoient que des fonges flatteurs, dont l'amour charmoit mes fens. O Sophie! tout ce qui remue les paffions & trouble le repos des hommes n'a pu rien fur moi; mes defirs fe font réunis vers vous; & je vous perds pour jamais!

Vous êtes trop jufte, lui répondoit Sophie, pour trouver mauvais que j'incline du côté où je croirai trouver mon bonheur.

Enfin

Enfin, le temps s'écoula; &, non sans bien de réflexions, Sophie se détermina à prendre un parti ....
....
....

Elle dit au prodigue: Si j'ai ôté le bur de vos dépenses, j'en suis fâchée: mais ce que vous avez fait pour moi, vous l'auriez fait indépendamment de moi. Votre penchant à la dépense est décidé. Vous avez dissipé une partie de votre bien, pour obtenir une femme; vous dissiperiez l'autre, pour vous distraire des ennuis du ménage. Je vous conseille de n'y jamais songer. ....
....

Elle dit au marchand, au militaire & au sçavant : Je sçais que vous m'avez marqué beaucoup d'attachement : mais je pense aussi que vous n'en avez pas moins marqué, vous pour les richesses, vous pour la gloire, & vous pour les sciences. En essayant de fixer mon penchant, chacun suivoit le sien ; chacun agissoit autant pour soi-même que pour moi. Que je me donne à quelqu'un de vous, il lui restera toujours des vues sur d'autres objets ; l'un s'occupera de l'augmentation de sa fortune, l'autre de son avancement dans le service, l'autre de ses progrès dans les sciences. Je ne puis donc suffire à aucun de vous : & mon desir est de remplir le cœur de quelqu'un qui remplisse le mien.

Le même jour, elle vit le solitaire. Vous vous y attendez depuis long-temps, lui dit-elle ; je vais enfin m'expliquer. Vous sçavez ce que vos rivaux ont fait pour obtenir ma main : voyez ce qu'ils furent & ce qu'ils sont. Pour vous, tel vous avez été ; tel vous êtes. J'en crois voir la raison. Indifférent sur toute autre chose, vous n'avez qu'une seule passion ; & j'en suis l'objet.

Je puis seule vous rendre heureux. Hé bien! mon bonheur sera
de faire le vôtre. Je partagerai les
douceurs de votre solitude, & je
tâcherai de les multiplier.

CHAPITRE XIV.

LES TALENTS.

Je revins à mon premier objet : &, après avoir cherché longtemps avec le miroir, j'apperçus un petit espace de terre qui me parut comme enveloppé d'un nuage. Il en sortoit un bruit confus, assez semblable à celui d'une mer qui obéit en murmurant aux efforts du reflux. Un rayon de soleil eut bientôt dissipé les vapeurs, & je reconnus Babylone.

J'y vis des spectacles où l'on

va pleurer les malheurs des temps paſſés, afin d'oublier les malheurs du temps préſent; des académies où l'on devroit diſſerter, & où l'on ſe querelle; des temples qu'on bâtit, en attendant que la religion ſe rétabliſſe; des orateurs qui annoncent aux peuples pervertis les malheurs les plus terribles, & des auditeurs qui meſurent les phraſes & critiquent le ſtyle; un palais où l'on a placé des magiſtrats pour la ſûreté de vos biens, & dans lequel vous conduiſent des guides qui vous dépouillent.

Je portai mes regards du côté

des promenades ; & je parcourus
des yeux ces jardins toujours
ouverts à l'oisiveté, à la coquet-
terie & au délassement. Je vis
sur un gazon écarté quelqu'un
qui, en souriant, jettoit ses idées
sur le papier. Je fixai ce papier,
& je lus ce qui suit :

» Un jour, Jupiter fit publier
» par toute la terre qu'il avoit
» résolu de distribuer les diffé-
» rents talents aux différentes
» nations ; que tel jour la dis-
» pensation s'en feroit dans l'O-
» lympe ; & que les génies des
» peuples divers eussent à s'y
» trouver.

G iv

» Le génie de Babylone n'at-
» tendit pas le jour marqué, &
» se rendit le premier de tous
» au palais de Jupiter. Il se pré-
» senta avec cet air de confian-
» ce qui lui est naturel ; il débita
» je ne sçais combien de com-
» pliments tournés le plus jo-
» liment du monde, & fit des
» présents à la cour céleste avec
» cette grace qu'on lui connoît.

» Il donna au père des Dieux
» un quintal de feu grégeois de
» la dernière invention, afin
» qu'il tonnât plus efficacement,
» & que l'on commençât à croire
» à Apollon, une grammaire Ba-

» bylonienne, pour qu'il réfor-
» mât les bizarreries de la lan-
» gue : à Minerve, une collec-
» tion de romans, pour qu'elle
» en corrigeât les libertés, & ap-
» prît aux romanciers à écrire
» décemment : à Venus, deux
» petits tableaux *ex voto*, pour
» la remercier de ce que l'année
» dernière il n'y eut à Babylone
» que deux cent mille habitants
» qui gardèrent de longs & cui-
» sants souvenirs de ses faveurs.

» Il fit sa cour aux Dieux, en
» compta aux Déesses, dit tant
» de jolies choses, & fit tant de
» folies, que, chez Jupiter, on

» ne parloit que des gentilleſſes
» du génie de Babylone.

   » Cependant, le jour marqué
» arriva : & Jupiter, ayant pris
» avis de ſon conſeil, fit la diſ-
» tribution des différents talents
» aux génies des différentes na-
» tions. A celui-ci, il aſſigna le
» don de philoſophie ; à celui-
» là, le don de légiſlation ; & à
» cet autre, le don d'éloquence.
» Il dit à l'un, Tu feras le plus
» ingénieux ; à l'autre, Tu feras
» le plus ſçavant ; & toi le plus
» économe ; & toi le plus guer-
» rier ; & toi le plus politique :
» & toi, enfin, dit-il, en adreſ-
» ſant la parole au génie de Ba-

» bylone, tu feras tout ce que
» tu voudras être.

» Ravi de ce fuccès, & de re-
» tour chez lui, voilà le génie
» de Babylone qui veut tout en-
» treprendre à la fois. Il enta-
» ma je ne fçais combien de pro-
» jets, & n'en exécuta aucun.

» Il fit de très-belles loix, &
» enfuite les embrouilla par des
» commentaires fans nombre.

» Il voulut auffi être théolo-
» gien, & s'empétra dans des dif-
» putes qui lui devinrent funef-
» tes.

» Il commerça, acquit beau-
» coup, dépensa encore plus, &
» devint plus riche & moins aisé.

» Orateur, poëte, marchand,
» philosophe, il fut tout; & attei-
» gnit en plusieurs choses à la
» perfection, mais ne sçut ja-
» mais s'y maintenir.

CHAPITRE XV.

LE GOUT DU SIÉCLE.

DEUX gens de lettres se prome-
noient à quelques pas de là. » Ne
» m'avouerez - vous pas, disoit
» l'un d'eux, qu'il n'y a pas deux
» siècles que notre littérature
» étoit encore dans l'enfance,
» elle ne faisoit que balbutier,
» & annonçoit à peine à quel
» point elle pouvoit parvenir.
» Dans le siècle dernier, elle prit
» de la force, & s'éleva si haut,
» qu'elle ne vit plus rien au-
» dessus d'elle. On avoit pris
» pour modèles les plus grands

» maîtres d'entre les Grecs & les
» Latins : on les égala, fi on ne
» les furpaffa pas.

» Les fuccès infpirent de la
» confiance ; &, avec trop de
» confiance, on fe néglige. On
» s'ennuya bientôt d'avoir tou-
» jours l'œil fur les anciers. Ils
» ont eu leur mérite, & nous
» avons le nôtre, dirent les Ba-
» byloniens : qui fçait fi nous ne
» les valons pas ? Ils fe livrèrent
» donc à eux-mêmes : & le goût,
» non plus général & de toutes
» les nations, mais le goût qui
» leur eft propre, caractérifa leurs
» ouvrages. Voyez prefque tou-

» tes nos poësies, nos histoires,
» nos harangues, nos livres à la
» mode, tout y est présenté à la
» Babylonienne ; beaucoup d'art,
» peu de nature ; une vaste su-
» perficie, point de fond ; tout
» est fleuri, léger, vif, pétillant ;
» tout est joli, rien n'est beau.

» Je crois pressentir le juge-
» ment de la postérité : elle re-
» gardera les ouvrages du dix-
» septième siècle comme les
» plus grands efforts de la nation
» vers le beau ; & ceux du dix-
» huitième, comme des tableaux
» où les Babyloniens ont pris
» plaisir à se peindre.

» Si nos écrivains font capa-
» bles de revenir fur leurs pas,
» & de reprendre les grands mo-
» dèles, on fçait ce qu'ils peu-
» vent; ils font fûrs de plaire à
» toute la terre & pour toujours:
» mais, s'ils continuent de fe li-
» vrér à eux-mêmes, leurs ou-
» vrages ne feront jamais que des
» bijoux de fantaifie, que la mo-
» de met en valeur, & qu'une au-
» tre mode fait bientôt oublier «.

CHA-

CHAPITRE XVI.

LA RAISONNEUSE.

JE vis à l'écart deux femmes, dont l'une parloit, en regardant à chaque inſtant autour d'elle avec cet air d'inquiétude qui annonce une confidence des plus myſtérieuſes. Je prêtai l'oreille; &, avec beaucoup de peine, j'entendis ce qui ſuit:

» Je te ſçais gré, chère com-
» teſſe, de l'idée que tu as con-
» çue de ma ſageſſe. Ecoutez: je
» ne veux te rien cacher; tu vas
» voir juſqu'à quel point on peut

» compter fur moi. Nous autres
» femmes, il faut que nous de-
» vinions les chofes, on ne nous
» les dira jamais nettement : mais,
» avec un peu d'attention, il
» nous eft aifé de voir où nous
» en fommes. Pour moi, j'ai ré-
» fléchi fur les maximes des hom-
» mes fages de nos jours, &
» voici ce que j'en ai conclu.
» Il n'y a plus que le petit peu-
» ple qui s'occupe encore d'une
» vie future ; les peines & les ré-
» compenfes de l'autre monde
» font des mots vuides de fens,
» que le bon ton a profcrits de-
» puis long-temps. Les animaux
» & les hommes (les premiers

» d'entre eux) font faits pour fe
» laiffer guider par les fens ; l'in-
» térêt feul des paffions doit les
» faire agir. Que chacun écoute
» au fond de fon cœur ce que
» la nature lui infpire, qu'il fuive
» ces infpirations ; c'eft la voie
» du bonheur. D'un autre côté,
» la fociété ne peut fubfifter fans
» loix, & ces loix ne peuvent
» être d'accord avec les paffions
» de tous les citoyens. Ceux donc
» qui ont placé leur bonheur
» dans ce que la loi défend ne
» peuvent fe conduire avec trop
» de circonfpection. Il faut que
» fans ceffe ils marchent dans
» l'ombre ; le myftère doit fui-

» vre leurs pas, & jetter son
» voile sur toutes leurs ac-
» tions : en un mot, ils peu-
» vent faire ce qu'ils veulent,
» pourvu qu'ils paroiſſent faire
» ce qu'ils doivent. Voilà, chè-
» re comteſſe, les principes que
» j'ai recueillis de la philoſophie
» du temps. Je ne te parlerai
» point de leur influence sur
» ma conduite. Peut-être suis-
» je, en effet, ce que je pa-
» roîs être : mais je ſerois tout
» autre, que je paroîtrois tou-
» jours telle «.

O Babylone ! m'écriai - je;
le levain a fermenté & gagné

la masse. Tu sembles bien cor-
rompue ; mais tu l'es encore plus
que tu ne le sembles.

CHAPITRE XVII.

LES CROCODILES.

PENDANT le cours de mes voyages, j'avois vu en Perse, dans les plaines qu'arrose le Tedjen, s'élever une dispute qui partagea le pays, & jetta une animosité surprenante dans les esprits. Je fus curieux de voir où la chose en étoit : je plaçai le miroir dans l'aspect requis ; &, en même-temps, je posai sur le globe la pointe de la baguette, de manière que je pusse voir & entendre ce qui se passoit.

La plaine étoit couverte de deux armées nombreuſes, & l'on étoit ſur le point d'en venir aux mains. Voici le principe de la querelle.

Un muſulman pieux & ſçavant, qui liſoit l'alcoran avec le zèle d'un archange & la pénétration d'un ſéraphin, s'aviſa un jour de demander ſi la colombe, qui catéchiſoit Mahomet, parloit Hébreu ou Arabe. Les uns dirent d'une façon, les autres d'une autre; & il ſe forma deux partis. On differta, on écrivit amplement pour & contre, & l'on ne put s'accorder. A la

H iv

chaleur de la dispute, se joigni-
rent l'aigreur, la malignité qui
l'accompagne toujours, & la politique qui s'efforce de tirer
avantage de tout. Un parti per-
sécutoit l'autre, ou en étoit per-
sécuté, selon qu'il prenoit ou
perdoit le dessus. On préluda
par la perte des biens, les exils,
les bannissements ; & voilà qu'on
finissoit par une guerre ouverte.
Les sectaires avoient si bien ca-
balé, que les citoyens s'étoient
armés les uns contre les autres.

Les deux armées alloient se
choquer, lorsqu'un vieillard vé-

nérable s'avança au milieu d'elles, convoqua les chefs, & parla en ces termes :

» Ecoutez, peuples de Cora-
» san. Il y avoit en Egypte une
» ville célèbre qu'on appelloit
» Ombes ; elle étoit voisine d'u-
» ne autre grande ville nommée
» Tentire : toutes deux étoient
» situées sur les bords féconds
» du Nil. En cet endroit, le fleu-
» ve nourrissoit beaucoup de
» Crocodiles ; & ces animaux
» voraces faisoient une guerre si
» cruelle à ces deux villes, que
» les habitants étoient sur le point
» de les abandonner. Les gou-

» verneurs de Tentire craigni-
» rent qu'enfin leur autorité ne
» s'éclipſât, & qu'en effet les
» citoyens ne vînſſent à ſe diſ-
» perſer. Ils aſſemblèrent donc
» les Tentirites, & leur dirent:
» *Vous laiſſez croître & mul'ti-*
» *plier en repos les animaux deſ-*
» *tructeurs qui déſolent vos famil-*
» *les. Voici ce que nous vous an-*
» *nonçons de la part du Nil vo-*
» *tre père nourricier & votre dieu.*
» *Malheur à vous, ſi vous reſtez*
» *plus longtemps dans l'indolen-*
» *ce! Armez-vous ſans délai, &*
» *faites la guerre aux monſtres*
» *qui dévorent vos femmes & vos*
» *enfants.* Le Nil l'ordonnoit; il

» n'y avoit pas à consulter. Les
» Tentirites s'armèrent : mais
» la partie n'étoit pas égale, & ja-
» mais conseil ne fut plus im-
» prudent. Les monstres, invul-
» nérables presque dans toutes
» les parties de leurs corps, mas-
» sacrèrent beaucoup plus d'hom-
» mes que les hommes ne massa-
» crèrent de monstres. Les gou-
» verneurs d'Ombes employè-
» rent une autre ruse, pour re-
» tenir les Ombites dans leur
» ville. *Ecoutez*, leur dirent-ils:
» *le dieu du Nil vous parle par*
» *notre bouche : J'entretiens l'abon-*
» *dance chez les Ombites, je sé-*
» *conde leurs terres, j'engraisse leurs*

» troupeaux ; mes eaux coulent ;
» & ils sont riches. J'ai mon
» serviteur le Crocodile, à qui je
» permets de se repaître de temps
» en temps de quelques-uns d'entre
» eux ; c'est le seul tribut que je
» leur demande pour tant de bien-
» faits : & , au lieu de se réjouir
» de pouvoir m'être agréables par
» quelque endroit, ils se désolent,
» si mon serviteur leur enlève
» quelques enfants. Qu'ils cessent
» de se plaindre, ou je cesserai de
» les nourrir ; je retiendrai mes
» eaux, & tous périront. Dès que
» les Ombites sçurent que le
» Crocodile étoit le favori du
» Nil, ils lui dressèrent des au-

» tels ; &, loin de pleurer la
» perte des leurs, quand il lui
» plaisoit de s'en repaître, ils
» s'en réjouirent. *Est-il une*
» *Egyptienne plus heureuse que*
» *moi ?* disoit une Ombite : *Je*
» *jouis d'une fortune honnête ; j'ai*
» *un époux qui m'aime, & trois*
» *de mes enfants ont été mangés*
» *par le serviteur du Nil.* Cepen-
» dant, les Tentirites tuoient le
» favori du Nil, que les Ombi-
» tes adoroient. La discorde &
» la haine les irrita les uns con-
» tre les autres ; ils se firent la
» guerre, & enfin se détruisirent
» mutuellement. Ainsi périrent
» ces deux peuples, dupes de

» leur bonne foi, dévorés par le
» Crocodile, & égorgés l'un
» par l'autre. Que cet exemple
» vous ouvre les yeux, infortu-
» nés habitants de ces heureux
» climats. Ceſſez d'être victimes
» d'un zèle déréglé : adorez Dieu,
» gardez le ſilence, & vivez en
» paix «.

A peine le vieillard eut ceſſé
de parler, qu'un murmure général & des regards menaçants lui
annoncèrent combien peu il
avoit touché l'aſſemblée ; il ſe
retira en ſoupirant. Bientôt on
en vint aux mains ; & je détour-
nai les yeux, pour ne pas voir

couler le sang de ces forcenés.

Il me reste beaucoup de choses à te faire voir, me dit le
préfet : laissons le miroir & la
baguette, & marchons.

CHAPITRE XVIII.

LA TEMPESTE.

A quelques pas du globe bruyant, la terre creuſée préſente, dans une profondeur, quarante ou cinquante dégrés de gazon. Au pied de cet eſcalier, ſe trouve un chemin pratiqué ſous terre. Nous entrâmes; & mon guide, après m'avoir conduit par quelques détours obſcurs, me rendit enfin à la lumière.

Il m'introduiſit dans une ſalle médiocrement grande & aſſez nue, où je fus frappé d'un ſpectacle

tacle qui me caufa bien de l'étonnement. J'apperçus, par une fenêtre, une mer qui ne me parut éloignée que de deux ou trois ſtades. L'air chargé de nuages ne tranſmettoit que cette lumière pâle, qui annonce les orages : la mer agitée rouloit des collines d'eau, & ſes bords blanchiſſoient de l'écume des flots qui ſe briſoient ſur le rivage.

Par quel prodige, m'écriai-je! l'air, ſérein il n'y a qu'un inſtant, s'eſt-il ſi ſubitement obſcurci ? Par quel autre prodige trouvai-je l'Océan au centre de l'Afrique ? En diſant ces mots,

Partie I.   I

je courus avec précipitation, pour convaincre mes yeux d'une chose si peu vraisemblable. Mais, en voulant mettre la tête à la fenêtre, je heurtai contre un obstacle qui me résista comme un mur. Etonné par cette secousse, plus encore par tant de choses incompréhensibles, je reculai cinq ou six pas en arrière.

Ta précipitation cause ton erreur, me dit le préfet. Cette fenêtre, ce vaste horison, ces nuages épais, cette mer en fureur, tout cela n'est qu'une peinture.

D'un étonnement je ne fis

que paſſer à un autre : je m'approchai avec un nouvel empreſ-ſement; mes yeux étoient toujours ſéduits, & ma main put à peine me convaincre qu'un tableau m'eût fait illuſion à tel point.

Les eſprits élémentaires, pourſuivit le préfet, ne ſont pas ſi habiles peintres qu'adroits phyſiciens; tu vas en juger par leur manière d'opérer. Tu ſçais que les rayons de lumière, réflé-chis des différents corps, font tableau, & peignent ces corps ſur toutes les ſurfaces polies, ſur la rétine de l'œil, par exemple, fur l'eau, fur les glaces. Les efprits élémentaires ont cherché à fixer ces images paffagères ; ils ont compofé une matière très-fubtile, très-vifqueufe & très-prompte à fe deffécher & à fe durcir, au moyen de laquelle un tableau eft fait en un clin d'œil. Ils enduifent de cette matière une pièce de toile, & la préfentent aux objets qu'ils veulent peindre. Le premier effet de la toile, eft celui du miroir; on y voit tous les corps voifins & éloignés, dont la lumière peut apporter l'image. Mais, ce qu'une glace ne fçauroit faire, la toile, au moyen de fon

enduit vifqueux, retient les fimulacres. Le miroir vous rend fidélement les objets, mais n'en
garde aucun; nos toiles ne les
rendent pas moins fidélement,
& les gardent tous. Cette im-
preff.on des images eft l'affaire
du premier inftant où la toile
les reçoit : on l'ôte fur le champ,
on la place dans un endroit obf-
cur; une heure après, l'enduit
eft defféché, & vous avez un
tableau d'autant plus précieux,
qu'aucun art ne peut en imiter la
vérité, & que le temps ne peut en
aucune manière l'endommager.
Nous prenons dans leur fource
la plus pure, dans le corps de

la lumière, les couleurs que les
peintres tirent de différents ma-
tériaux, que le laps des temps
ne manque jamais d'altérer. La
précision du deffein, la vérité
de l'expreffion, les touches plus
ou moins fortes, la gradation
des nuances, les règles de la
perfpective; nous abandonnons
tout cela à la nature, qui, avec
cette marche fûre qui jamais ne
fe démentit, trace fur nos toiles des images qui en impofent
aux yeux, & font douter à la raifon fi ce qu'on appelle réalités
ne font pas d'autres efpèces de
fantômes qui en impofent aux
yeux, à l'oule, au toucher, à
tous les fens à la fois.

L'efprit élémentaire entra enfuite dans quelques détails phy-
fiques; premièrement, fur la nature du corps gluant, qui in-
tercepte & garde les rayons; fe-
condement, fur les difficultés de
le préparer & de l'employer; troi-
fiémement, fur le jeu de la lumière & de ce corps defféché;
trois problèmes que je propofe
aux phyficiens de nos jours, &
que j'abandonne à leur fagacité.

Cependant, je ne pouvois dé-
tourner les yeux de deffus le tableau. Un fpectacle fenfible, qui,
du rivage, contemple une mer
que l'orage bouleverfe, ne ref-

fent point des impreſſions plus
vives : de telles images valent
les choſes.

Le préfet interrompit mon
extaſe. C'eſt trop t'arrêter, me
dit-il, à cette tempête, par laquelle les eſprits élémentaires
ont voulu repréſenter allégori-
quement l'agitation du monde,
& le cours orageux de la fortune
des hommes : voici de quoi nourrir ta curioſité & redoubler ton
admiration.

CHAPITRE XIX.

LA GALERIE

ou

LA FORTUNE DU GENRE HUMAIN.

A peine le préfet eut achevé ces mots, qu'une porte à deux battants s'ouvrit sur notre droite, & nous admit dans une galerie immense, où mon étonnement se changea en une sorte de stupeur.

De chaque côté, plus de deux cents croisées donnoient du jour à tel point, que les yeux pouvoient à peine en soutenir la

clarté. Les efpaces qu'elles laif-
foient entre elles étoient peints
avec cet art dont je viens de
parler. A chaque croifée, on dé-
couvroit une partie du territoire
des efprits élémentaires. Dans
chaque tableau, on voyoit des
forêts, des campagnes, des mers,
des peuples, des armées, des régions entières; & tous ces objets étoient rendus avec tant de
vérité, que j'avois fouvent befoin de me recueillir, pour ne
pas retomber dans l'illufion. Je
ne fçavois, à chaque inftant, fi ce
que je voyois par quelqu'une des
croifées n'étoit pas une peinture, ou fi ce que j'appercevois

dans quelqu'un des tableaux n'é-
toit pas une réalité.

Parcours des yeux, me dit le
préfet, parcours les événements
les plus remarquables qui ont
ébranlé la terre & fait le destin
des hommes. Hélas! que reste-
t-il de tous ces ressorts puissants,
de tous ces grands exploits?
Leurs vestiges les plus réels sont
les traces qu'ils ont laissées sur
nos toiles, en formant ces tableaux.

Les plus anciennes actions,
dont l'éclat ait conservé la mé-
moire, sont des actions de vio-

lence. Nembrod, l'âpre chasseur, après avoir fait la guerre aux animaux, veut s'essayer sur ses semblables. Vois dans le premier tableau cet homme gigantesque, le premier de ces héros si célébrés; vois dans ses yeux l'orgueil, l'ambition, le désir ardent de commander. Le premier, il conçut le plan d'un royaume; & réunissant les hommes, sous prétexte de les lier entr'eux, il les asservit.

Bélus, Ninus, Sémiramis, montent sur le trône, qu'ils affermissent par de nouveaux ordres de violence : &, de plus de

trente rois qui commandèrent
enfuite , un feul ferma les
plaies du genre humain, laiffa
refpirer l'Afie, & gouverna en
philofophe : fon nom eft prefque inconnu. L'hiftoire, qui ne
s'échauffe qu'à l'afpect des chofes d'éclat & des événements
tragiques, fe refroidit fur ces règnes tranquilles : à peine nom-
me-t-elle de tels fouverains.

Sardanapale termine cette
file de rois. Ennemi du tumulte, du défordre & de la guerre,
il abufe de fon loifir, s'enferme
dans fon palais, & s'endort dans
la molleffe. Les femmes, dont tu

le vois environné, n'ont de fen-
timent & d'éxiftence que pour
lui. Ses regards leur donnent la
vie, & il la reçoit d'elles. Que
dis-je? il fe cherche avec étonnement, & ne fe trouve point:
l'ivreffe des plaifirs lui en ôte le
goût: il ne vit plus, il languit.

Cependant, deux de fes lieu-
tenants s'ennuient du loifir de
la paix, forment des plans de
conquêtes, & fe repaiffent de
projets fanguinaires. Ils penfent
être feuls dignes de règner, parce que feuls ils refpirent la guerre au milieu de la tranquillité
publique. Les voilà qui atta-

quent & détrônent leur monarque efféminé ; &, l'ayant forcé à se donner la mort, envahissent & partagent ses domaines. Ainsi se démembra l'empire des Assyriens, après avoir tenu l'Asie dans une agitation perpétuelle pendant plus de douze cents ans.

Des rois se succédèrent, tant à Ninive qu'à Babylone ; & tous se rendirent célèbres par les guerres & les ravages. Un, entr'autres désola l'Egypte, saccagea la Palestine, brûla Jérusalem, fit créver les yeux à un roi dont il avoit massacré les enfants, chassa de leur patrie des peuples entiers qu'il jetta dans les fers ; & , après de telles expéditions, il se fit dresser des autels, & se donna pour un dieu bienfaisant. Vois aux pieds de sa statue l'encens qui fume, & les nations prosternées ; & admire jusqu'où va l'orgueil & la bassesse des hommes.

Le tableau suivant représente l'enfance de Cyrus, & le moment singulier où il donna des indices de cette hauteur intolérable, regardées, par les historiens, comme les premières saillies d'une grandeur d'ame, qui, pour se déployer, n'attendoit que les
grandes

grandes occasions. Cyrus, & par droit de naissance & par droit de conquête, réunit l'Assyrie & la Médie à la Perse, & fut le fondateur du plus vaste empire qui eut jamais été.

Ses successeurs trouvent encore leurs limites trop étroites : ils envoient dans la Grèce, qui se distinguoit alors en Europe, des armées innombrables qui périssent : & l'esprit de conquête eut en cette occasion le sort que malheureusement il n'a pas toujours.

Les Grecs, délivrés de ces

Partie I. **K**

puissants ennemis, tournent leurs armes contre eux-mêmes : la jalousie les anime ; l'ardente & dangereuse éloquence de leurs orateurs les enflamme ; ils se déchirent par des guerres civiles. La Perse tombe dans les mêmes convulsions. Et lorsque peut-être tout alloit s'appaiser, Alexandre paroît, & tout se brouille plus que jamais.

Ce tableau le montre dans cet âge tendre, où il pleuroit les conquêtes de son père, & voyoit avec douleur couler le sang humain par des plaies qu'il n'avoit pas faites. A peine monté sur le trône, il porta la désolation dans la Grèce, la Perse & les Indes. La terre manque à ses progrès meurtriers, & son cœur n'est pas encore rempli. Cet autre tableau te représente sa mort. Il s'éteint, enfin, ce foudre destructeur; Alexandre expire ; &, jettant des yeux mourants sur cette grande monarchie qu'il abandonne, rien ne semble capable de le consoler, que la perspective des sanglantes tragédies dont sa mort doit être le signal.

De tout ce qui tenoit à Alexandre, ceux qui avoient droit à sa succession furent les seuls qui n'y eurent aucune part. L'empire fut partagé entre ses généraux. Bientôt la guerre s'alluma entre eux, persévéra entre leurs descendants, & ruina toutes les contrées de leur domination.

Au milieu de tant de rois guerriers, Ptolomée Philadelphe parut comme un lys qu'un heureux hasard fait naître dans un champ couvert d'épines. Vois, dans cette immense bibliothèque, ce monarque entouré de vieillards, par lesquels il se fait rendre compte des volumes sans nombre qui sont sous ses yeux.

Il aima trop les hommes pour troubler leur repos; & il les eftima affez pour recueillir, de toutes les contrées du monde, les productions de leur efprit. Ces fortes de richeffes lui parurent feules dignes de fes recherches. Il les vit du même œil que les autres rois voient ces métaux, dont ils font fuivre, dans les profondeurs de la terre, les filets les plus détournés, ou qu'ils vont chercher aux extrémités du monde, à travers des ruiffeaux de fang.

Pendant que les fucceffeurs d'Alexandre & leurs defcendants

se nourrissent de discordes ; déjà se montroient, au centre de l'Italie, les premières étincelles du feu qui devoit incendier l'univers & dévorer toutes les nations. Semblable à ces corps d'une pesanteur démesurée qui, ne trouvant pas d'abord leur juste position, se balancent quelques instants, semblent chanceler, & enfin se fixent inébranlablement ; Rome, soumise successivement à des rois, des consuls, des décemvirs, des tribuns militaires, se fixe un gouvernement, & entame la conquête du monde.

Cette nation ambitieuse dirige

d'abord ſes forces contre ſes voi-
ſins. En vain les différents peuples qui habitoient l'Italie luttè-
rent pendant cinq cents ans contre
le deſtin de Rome : tantôt ſou-
mis, tantôt révoltés, tantôt vain-
queurs, tantôt vaincus, il fallut
enfin ſubir le joug.

L'Italie domptée & appaiſée,
c'eſt-à-dire, réduite à l'état de
ces corps robuſtes que l'épui-
ſement jette dans la langueur &
la foibleſſe, les Romains paſſent
les mers, & vont en Afrique
chercher de nouveaux ennemis
& d'autres dépouilles. Carthage,
auſſi ambitieuſe . peut-être auſſi

puiffante, mais plus malheureufe que fa rivale, après avoir long-temps balancé la fortune, fuc-combe & eft détruite. Corinthe & Numance fubiffent le même fort.

En ce temps, Viriatus s'éle-voit par les mêmes dégrés que Rome. Dans ce tableau, c'eft un chaffeur ; dans cet autre, c'eft un brigand ; dans le troifième, c'eft un général d'armée ; &, dans le quatrième, il monte fur le trô-ne de la Lufitanie. Mais ce n'étoit qu'une victime que la Fortune couronnoit, pour la facrifier à l'ambition des Romains.

L'Afie s'ouvrit bientôt à ces conquérants infatiables. L'empire s'étend de jour en jour, & cette puiffance énorme accable enfin toutes les mers & les terres connues.

La première paffion des Romains fut la gloire. Pendant fept fiècles, le patriotifme, que la politique nourriffoit avec tant de fuccès, dirigea l'amour de la gloire en faveur de la république ; & les Romains fe fignalèrent moins par leurs exploits, que par leur dévouement à la patrie. Cette carrière remplie par une longue fuite de héros , ceux des Romains qui succédèrent , désespérant de pouvoir faire senfation dans le même ordre, cherchèrent à se diftinguer par d'autres endroits. Rome étoit la maîtreffe de la terre ; il parut beau de devenir le maître de Rome. Sylla, Marius & quelques autres, montrèrent qu'il n'étoit pas impoffible de venir à bout d'un tel projet : Céfar l'exécuta. Ce conquérant fi vanté, auquel on reprocha tant de chofes, fit tout oublier par fa vertu : vertu guerrière, qui fit périr plus d'un million d'hommes, opprima fes concitoyens, & donna des fers à fa patrie. En

vain la république employa tou-
tès ſes forces pour ſauver ſa liberté expirante ; elle s'épuiſa, & tendit les mains à Auguſte, qui, de
mauvais citoyen, devint le meil-
leur des maîtres.

Parvenu à l'empire, il termina
quelques guerres, & donna bientôt au genre humain la paix la
plus univerſelle dont jamais il
eût joui. Les eſprits élémentaires ont voulu donner une idée
de la douceur de ce repos général par l'agréable perſpective de
ces payſages, & des travaux
champêtres qui s'y trouvent re-
préſentés.

Cette paix....... De grace, interrompis-je, suspendez pour un moment le récit rapide de tant de bouleversements ; souffrez que mes yeux s'arrêtent sur ce tableau, & qu'un instant de repos rende le calme à mon cœur agité. Que j'aime à voir ce beau ciel, ces plaines qui se perdent dans le lointain, ces pâturages chargés de troupeaux, ces campagnes couvertes de moissons! La guerre souffle loin de ces climats cet esprit de vertige qui fait l'héroïsme. Voici en effet le séjour de la paix & du repos. Mon imagination me transporte dans ces vallons délicieux : je regarde &

jevois la nature dont rien n'interrompt les travaux, faire naître de toutes parts la vie & la volupté. Mes idées se composent, & mes esprits s'appaisent & se tranquillisent, au milieu du calme qui règne dans ces lieux : mon sang, rallenti, prend dans mes veines la douceur du mouvement des ruisseaux qui arrosent ces gazons ; & les passions n'ont plus sur mon ame que l'effet du zéphyr, qui semble jouer mollement entre les branches de ces arbres touffus.

CHAPITRE XX.

L'AUTRE CÔTÉ

DE LA GALERIE.

LE préfet reprit bientôt le fil de fon difcours. La rapidité avec laquelle il parcouroit la galerie me laiffoit à peine le temps de jetter un coup d'œil fur les tableaux divers dont il m'expliquoit le fujet. Je ne l'avois point encore vu, & depuis je ne le vis point parler avec autant d'action. Son vifage s'étoit enflammé, fes yeux jettoient des éclairs, & fes paroles précipitées tardoient encore à fon empreffement.

La langue, les mœurs, les
loix des Romains, difoit-il, s'é-
toient répandues par toute la
terre. Les nations, conquifes &
policées, devenoient membres
de l'empire; & tous les peuples
connus ne formoient qu'une famille. Par quelle fatalité la paix
qu'Augufte leur avoit donnée,
& qui fembloit inaltérable, fut-
elle de fi courte durée? Le genre
humain ne fit que refpirer, &
fut bientôt frappé de nouvelles
plaies. Quand Rome n'eut plus
de royaumes à fubjuguer, elle
eut des rebelles à foumettre. Différentes nations, imaginant une
grande félicité ou une grande

gloire à se séparer du corps de l'empire, se révoltèrent en Europe, en Asie, en Afrique : toutes furent contenues. Ainsi, la plupart des peuples, jadis attaqués & défaits, alors aggresseurs & réprimés, continuèrent d'être précipités de malheurs en malheurs : &, des tableaux suivants, ceux qui représentent les momens les plus célèbres des premiers empereurs, continueront de t'offrir des spectacles toujours sanglants. Trois règnes, celui de Titus, celui d'Antonin, celui de Marc Aurèle, furent trois beaux jours dans un hiver rigoureux.

Ces

Ces temps, néanmoins, étoient des temps de paix, eu égard aux siècles qui avoient précédé & qui suivirent. L'empire étoit comme un corps bien constitué, mais qui pourtant essuie quelques indispositions, & annonce qu'il n'est pas loin de son déclin.

Tandis que les Romains, d'abord pour s'accroître, ensuite pour se maintenir, & quelquefois pour s'enrichir, tenoient la terre en allarmes, abaissoient ce qui prétendoit s'élever, & pénétroient par-tout où l'éclat montroit de riches dépouilles; vers le Nord, dans ces climats glacés où la nature ne semble parvenir qu'en expirant, s'élevoient & se multiplioient, au sein de la paix & du silence, des nations qui dé-voient un jour abbattre l'orgueil des maîtres de l'univers. Trois siècles n'étoient pas encore écou-lés depuis la paix d'Auguste, lorf-que, du temps de Valérien, l'ef-poir trompeur d'une vie plus commode & plus heureufe ar-ma ces peuples groffiers. Les voilà qui fortent de leurs repai-res, s'affemblent en tumulte, marchent en défordre, & mon-trent le chemin aux effroyables multitudes qui fe fuivirent de fiècle en fiècle.

Ces ennemis étrangers surve-
nant aux rébellions internes qui
déchiroient l'empire, ébranlè-
rent le coloffe. Il réfifta pourtant quelque temps au poids qui
l'entraînoit vers fa chûte ; &, tantôt menaçant ruine, tantôt rele-
vé, il fembloit quelquefois fur
le point de s'affermir de nouveau.

Entre les empereurs qui fucceffivement fe fignalèrent contre
les Barbares, Probus contribua
le plus à foutenir la majefté du
nom Romain. Vaillant, mais
encore plus humain, il détefta
la guerre & la fit toujours. Re-
L ij

marques-tu, dans le tableau que tu as fous les yeux, ce vieillard chauve, fon air de candeur, fa phyfionomie refpectable, fa fimplicité dans tout ce qui l'environne? C'eft ce même Probus repréfenté dans l'inftant où, voyant les ennemis de Rome abbaiffés, plein de l'image de cette paix générale qu'il defira toujours, il difoit : *Encore quelques jours , & l'emp're n'aura plus befoin de foldats.* Paroles qui le rendoient dignes de la vénération de toute la terre, & qui le firent affaffiner. Les temps paffèrent , les efforts de Barbares redoublèrent, & le fang continua de couler.

Cependant, les ennemis de Rome s'aguerrirent, & ses défenseurs dégénérerent. Ce qui y contribua le plus, fut le faste qui, multipliant les besoins, força le citoyen à rapporter tout à son intérêt propre; l'ineptie de la plupart des empereurs, qui jetta dans les cœurs un engourdissement que peu d'années établissent, & que des siècles entiers ne peuvent dissiper; peut-être aussi la lassitude des esprits; car cette cupidité, cette ambition, cette hauteur, disons mieux, cette grandeur Romaine étoit dans l'ordre des choses un effort excessif, qui, comme une maladie épidemique parvenue à son plus haut point, doit nécessairement tomber par dégrés.

Quoi qu'il en soit, un siècle & demi après leurs premières invasions, les Barbares commencèrent à faire des progrès réels, & à démembrer l'occident de l'empire. Au milieu des troubles qui s'excitèrent alors, s'établirent quelques royaumes qui subsistent encore aujourd'hui : C'est ainsi que ces tremblements de terre, qui, en soulevant l'Océan, submergent des régions entières, font aussi naître de nouvelles isles au milieu des flots.

Voilà les Goths, qui, après avoir traversé les armes à la main une partie de l'Asie & toute l'Europe, s'établissent en Espagne : les Anglois, peuples de la Germanie, qui passent dans la grande Bretagne pour la secourir, & l'envahissent : les Francs, autres Germains, qui viennent délivrer la Gaule du joug des Romains, & lui font subir le leur. Dans ces temps malheureux, Rome subit elle même le sort qu'elle avoit fait éprouver à tant d'autres villes ; elle est pillée & saccagée à diverses reprises.

Mais les tableaux suivans re

présentent, dans un point de vue
encore plus effrayant, des régions dévastées, des campagnes
arrosées de sang, & des villes
en cendre. Ce sont les exploits
d'Attila, & ses courses rapides
dans la Macédoine, la Mysie,
la Thrace, l'Italie, & presque par
toute la terre qu'il ravagea. Tant
d'horreurs, émanées en détail de
divers conquérants, en eussent
fait autant de héros : émanées
d'un seul, elles en firent un homme affreux. C'est ainsi que les
vertus guerrières se montrent
telles qu'elles sont, & deviennent horribles quand elles se
concentrent.

Pendant les ravages d'Attila, quelques habitants d'Italie,
fuyant sa fureur, se réfugient sur
le bord de la mer Adriatique.
Considère dans ce tableau ces
hommes pâles, ces femmes éche-
velées, ces enfants éplorés. Les
uns se cachent entre les rochers;
les autres se construisent des re-
traites souterreines dans ces î-
les désertes; quelques-uns montent sur les hauteurs, & de toute
l'étendue de leur vue regardent
si l'impitoyable conquérant, dont
le nom seul les fait frémir, ne
les poursuit pas encore dans ces
plages si peu faites pour servir
d'habitation aux hommes. De
toute part, tes yeux n'apperçoi-

vent que défolation & frayeur :
bientôt pourtant, fur ces triftes
débris, va naître & s'élever la
fuperbe Venife.

Peu de temps après, le dernier coup eft porté à l'empire
d'Occident. Tyrannifé par fes
maîtres, déchiré par des factions,
affoibli par des pertes continuel-
les, preffé enfin par une fatale
deftinée, il chancelle fous quelques empereurs, & tombe fous
Auguftule. Rome & l'Italie, fucceffivement en proie à deux barbares, font enfuite réunies à
l'empire d'Orient, dont bientôt
de nouveaux malheurs les dé-
tachèrent.

Deux siècles s'écoulèrent dans ces cruelles vicissitudes, lorsqu'un nouveau fléau, Mahomet, s'éleva du côté de l'orient. On ne le vit d'abord que comme un fourbe digne de mépris ; mais il avoit une intelligence capable des plus grandes choses, & une audace qui le portoit aux plus hautes entreprises. On reconnut jusqu'où il pouvoit aller, lorsqu'il ne fut plus temps de s'opposer à ses progrès. Il dévasta une partie de l'Orient ; &, sur ces débris, fonda le royaume des Khalifes. Les peuples qu'il soumit par la force des armes, il se les attacha par la séduction : &, plus funeste encore à l'humanité que tous ces héros dont le pernicieux éclat passe avec eux, il souilla le genre humain d'une tache qui probablement ne s'effacera jamais.

En Occident, les infortunes des Romains se renouvellent. Les Lombards défolent l'Italie : les Maures s'établissent en Espagne, d'où ils menacent les François : de nouveaux essaims de Barbares sont sur le point de se jetter sur les plus belles parties de l'Europe.

En ce temps, du sein de la France, sortit un prince plein de génie & de cette ardeur militaire qui, dans le calme, eût amené la tempête; mais qui, trouvant l'orage formé, comme un vent impétueux, le diffipa: c'étoit Charlemagne. Dans ce tableau, il réprime les Sarrafins; dans cet autre, il fubjugue l'Allemagne; plus loin, il éteint en Italie la domination des Lombards, fonde la puiffance temporelle des Papes, & reçoit la couronne de l'empire d'Occident.

L'empire de Charlemagne ne tarda pas à fe délabrer. Les partages des princes, & l'ambition de quelques chefs, en détachent des peuples entiers. Des empereurs foibles ou avares donnent ou vendent la liberté à d'autres. Le reste obéit à des maîtres particuliers : le souverain garde à peine le titre & l'ombre de l'autorité.

Remarques-tu cette bataille? vois-tu cette nombreuse armée défaite par 1500 hommes? C'est l'époque de la liberté du corps Helvétique. Membres de l'Empire, mais écrasés par des tyrans, les Suisses secouent le joug, & se forment un gouvernement dont on ne peut trop admirer la sagesse. Leur commerce ne s'étend qu'au nécessaire : ils n'ont de soldats que pour leur sûreté, encore ne s'aguerrissent-ils que

chez les autres nations : une paix
constante règne dans la république. Sans convoitise, sans jalousie, sans ambition, la liberté
& le nécessaire leur suffisent. C'est
le peuple qui parle le moins de
philosophie, & qui est le plus
philosophe.

Tandis que le nouvel empire
d'Occident se déchire, celui d'O-
rient s'éteint. Tu vois sortir du
fond de l'Asie le dernier essaim
de Barbares qui devoit fondre
sur l'Europe. Il s'avance : &, semblable à ces masses énormes qui
acquièrent plus de force à proportion qu'elles se précipitent
de loin, il accable Constantino-

ple, & envahit l'empire d'Orient, qu'il occupe encore aujourd'hui.

Tel est le tissu désastreux de l'histoire abrégée du genre humain : la foule des détails n'est qu'une foule de malheurs moins célèbres. La totalité des nations, sur-tout des nations Européenne, est comme une masse de vif-argent, que l'impression la plus légère met en mouvement, que le moindre choc divise & subdivise, & dont le hasard réunit les parties en mille manières différentes. Qui trouvera le moyen de les fixer ?

Fin de la première Partie.

www.ingramcontent.com/pod-product-compliance
Lightning Source LLC
Chambersburg PA
CBHW072033080426
42733CB00010B/1875